글 **송지혜**

부산대학교에서 분자생물학과 일어일문학을, 고려대학교 대학원에서 과학언론학을 전공했습니다.
제1회 밀크T 창작동화 공모전에서 과학 동화 부문 은상을 수상했습니다. 쓴 책으로 《초등학생이 딱 알아야 할 첨단과학 상식 이야기》,
《자연을 담은 색, 색이 만든 세상》, 《디지털이 종이를 삼키면, 지구 온도는 내려갈까?》 등이 있고, 옮긴 책으로 《알기 쉬운 원소도감》,
《초등학생이 알아야 할 바다 100가지》, 《10대를 위한 최신 과학: 로봇》, 《초등학생을 위한 지식습관: 우주 30》 등이 있습니다.

그림 **도니패밀리**

귀여운 그림과 재미있는 표정 연출이 주특기인 신재환, 정동호 두 그림작가로 이루어진 팀입니다.
그림을 보면서 즐거워하는 독자들의 모습을 상상하면서 신나게 작업하고 있습니다.
펴낸 책으로는 《구해줘 카카오프렌즈》, 《몰입영어 월드트레블》 등이 있습니다.

감수 **황신영**

이화여자대학교 과학교육과를 졸업하고, 동대학원에서 박사 학위를 받았습니다.
현재 이화여자대학교 사범대학부설 영재교육원에서 근무하며, 대학생을 가르치고 있습니다.
쓴 책으로 《멘델이 들려주는 유전 이야기》, 《윌머트가 들려주는 복제 이야기》,
《초등과학 개념사전》, 《초등학생이 꼭 알아야 할 미생물 이야기 33가지》 등이 있으며,
번역한 책으로는 《천재들의 과학노트: 과학사 밖으로 뛰쳐나온 생물학자들》, 《현대 과학의 이정표》가 있습니다.

매직 엘리베이터 클럽

엘베르토

엘베르토와 함께 매직 엘리베이터를 타고 세상의 모든 지식을 찾아 모험을 하는 클럽이다.
매직 엘리베이터 클럽을 줄여서 '매직 엘리 클럽'이라고도 한다.
호기심이 늘 샘솟는다면
누구나! 매직 엘리 클럽의 회원이 될 수 있다.

매직 엘리베이터를 타면 나타난다.
누구인지, 어디서 오는지 알 수 없다.
모르는 게 없다. 그만큼 말이 많다.
아직도 알고 싶은 게 너무 많다.

매직 엘리베이터

평소엔 평범한 엘리베이터다.
호기심이 발동하는 순간
매직 엘리베이터가 된다.
매직 엘리베이터는
시간과 공간을 초월한다.
매직 엘리베이터의 능력과 한계는
아직 밝혀지지 않았다.

매직 엘리 클럽 규칙

- ✓ 하나. 궁금한 건 참지 않는다.
- ✓ 둘. 매직 엘리베이터를 타고 신나게 모험을 즐긴다.
- ✓ 셋. 모험을 한 후 내 마음대로 보고서를 쓴다.

브라운
무뚝뚝, 무표정하지만 곁에 있는 것만으로 든든한 친구.

열정과 에너지가 넘치는 친구.
코니

초코
브라운의 동생. 궁금한 것도, 꿈도 많은 친구.

레너드
미스터리를 좋아하고, 엘베르토의 비밀에 관심이 많은 친구.

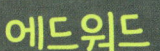
에드워드
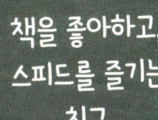
책을 좋아하고, 스피드를 즐기는 친구.

★ 매직 엘리 클럽 회원 소개 ★

라인 아파트에 사는 사이좋은 친구들.
우연히 매직 엘리베이터의 비밀을 알게 되었고,
엘베르토와 함께 매직 엘리베이터를 타고 마법 같은 여행을 한다.

"세상에는 궁금한 것도, 알아 갈 것도, 경험할 것도 너무 많아!
정말 신나는 일이야!"

팡요
집에 있는 것을 제일 좋아하는 친구.

→ **샐리**
친구들 중 가장 힘이 세고, 엘베르토만큼 수다스러운 친구.

제시카
언제나 명쾌하고 똑 부러지는 친구.

정말 근사한 클럽이군! 나도 함께할 수 있을까?

심해 생물관을 나와서 엘리베이터에 올라 탔지만 방금 본 물고기가 머리에서 떠나지 않았어.
"대체 그 물고기는 뭐지?"
"내 생각엔 수족관에서 만든 로보트 같아."
"맞아. 진짜 물고기에서 빛이 날 리 없지."

"나는 수영을 잘하니까 물고기를 찾으러 가 볼까?"

"그 물고기가 얼마나 깊은 바다에 사는 줄 알고?"

"일단 집에 가서 책을 찾아 보자!"

그때였어. 엘리베이터가 흔들리며 깜빡이기 시작했지. 또 모험이 시작되려나 봐.

"야호! 모험 시작이다!"

"으앗, 다들 왜 그렇게 호기심이 많은 거야?!"

"아무 버튼이나 누르지 말라고!"

🔍 물고기는 어떻게 숨을 쉴까?

모든 생물은 숨을 쉬며 산소를 얻는다. 사람은 폐에서 공기 중에 있는 산소를 흡수하고, 물고기는 아가미라는 기관에서 물속에 녹아 있는 산소를 흡수한다.

아가미

물의 흐름

"자, 얼른 엘리베이터에 타!"
엘베르토는 잠수함으로 변한 매직 엘리베이터로 우릴 안내했어. 서둘러 엘리베이터에 타느라 코니의 카메라가 바다에 풍덩 빠지고 말았지.

뿡앙!

으앙! 내 카메라!

곧 출발할 것 같아. 일단 타!

첨벙

우리는 엘베르토가 건넨 장비를 착용하고 바닷속으로 들어갔어. 물고기들이 지느러미를 살랑거리며 헤엄치고 있었지.

물고기들이 떼지어 가고 있어!

물고기들아, 안녕!

우리는 지금 수심 10미터 위치에 있어.

바다는 지구의 허파다. 바다에 사는 해조류와 미생물이 만들어 내는 산소의 양은 지구 전체 산소 양의 70퍼센트나 된다.

바다 밑의 땅 모양을 해저 지형이라고 한다. 바다 밑도 육지처럼 평야, 산, 골짜기 등이 있다.

평정해산: 바닷속에 있는 산 꼭대기가 파도에 깎여 평평해진 지형
해령: 바다에 있는 산맥
육지
해구: 해저에서 움푹 들어간 매우 깊고 좁은 곳
심해 평원: 심해 밑바닥에 펼쳐진 넓은 평원

🔍 산호가 동물이라고?

산호의 몸은 '폴립'이라는 산호벌레로 이루어졌다. 폴립은 말미잘과 비슷하게 생겼고 석회질로 된 껍데기 속에 들어 있으며 입 둘레에 촉수가 있다. 산호벌레가 죽으면 새로운 산호벌레가 석회질 껍데기 위에 집을 짓는데, 이렇게 죽은 산호 벌레가 쌓여 생긴 암초가 바로 산호초이다.

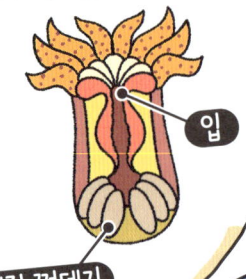

우리는 모두 넋을 잃고 바라보았어. 엘베르토가 두 팔을 펼치며 이곳저곳을 소개했어.

"여기는 산호초 지대야. 다양한 바다 생물들이 이곳에서 살고 있지."

초코가 산호를 자세히 들여다보며 말했어.

"바다에도 예쁜 식물이 가득하구나."

"산호는 식물이 아니라 동물이야. 밤이 되면 촉수로 작은 동물들을 기절시켜 잡아먹는다고."

바다 생물은 크게 플랑크톤, 유영생물, 저서생물로 구분한다. 플랑크톤은 물에 둥둥 떠다니는 생물을 이르는 말이다. 물속에 있는 세균이나 해조류뿐만 아니라 물고기 알과 어린 물고기, 크릴새우, 해파리도 포함된다. 유영생물은 물고기와 고래처럼 헤엄을 치는 동물이다. 저서생물은 불가사리나 성게, 해삼처럼 바다 밑바닥이나 바위에 달라붙어 생활하는 생물을 말한다.

"해파리가 플랑크톤이었다니!"

"우아, 예뻐!"

"산호초다!"

"겉모습에 속지 마!"

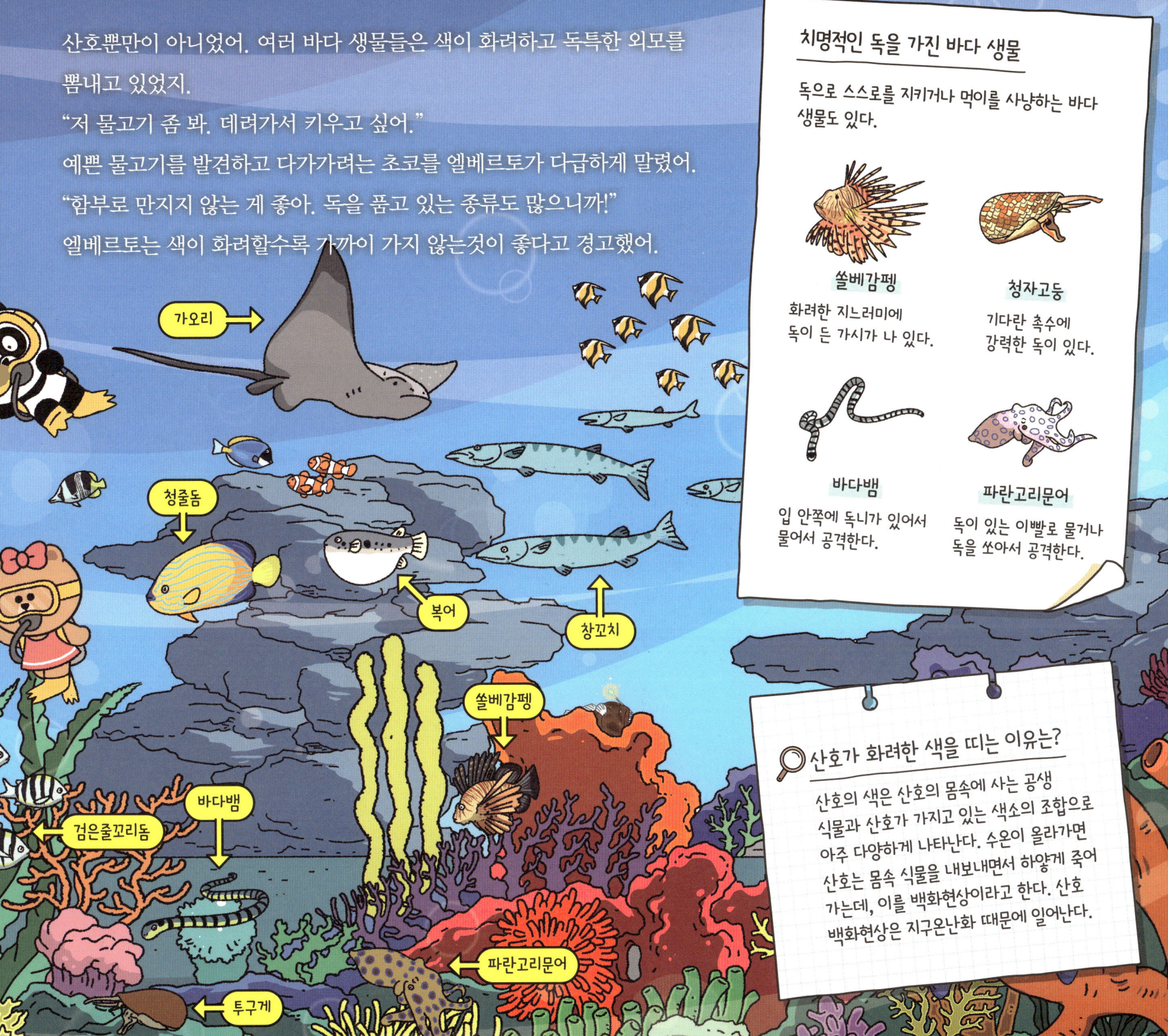

갑자기 머리 위로 어두운 그림자가 드리웠어!
"으악, 이게 뭐야!"
낡은 그물이 우리를 덮친 거야. 그물의 무게 때문에 우리는 점점 밑으로 가라앉았지.

팡요가 겁에 질려 외쳤어.
"누가 좀 도와줘!"
"다들 걱정 마."
엘베르토는 어디선가 가위를 꺼내더니 그물을 끊기 시작했어.

그물을 빠져나온 우리는 겨우 한숨을 돌렸어. 정신을 차리고 보니 빌딩처럼 큰 무언가가 물살에 흔들리고 있었지. 우리는 또다시 소스라치게 놀랐어.
"으악, 거인이다!"

🔍 바다에도 식물이 있다?

바다에서 나는 조류를 해조류라고 한다. 조류란, 물속에서 살면서 식물처럼 광합성을 하는 생물을 말한다. 대표적으로 미역, 김, 다시마, 파래 등이 있다. 해조류는 다양한 바다 생물들의 먹이와 은신처가 되어 주며 사람들에게도 영양가 높은 음식 재료가 된다.

> 건강에도 좋고 맛도 좋은 해조류! 냠냠.

켈프가 이루는 숲은 전 세계 해안가의 4분의 1을 덮고 있다. 다시마과에 속하는 켈프는 하루에 60센티미터씩 자라 최대 45미터까지 자랄 수 있다.

해달과 성게

해달은 켈프 숲의 생태계를 유지하는 매우 중요한 동물이다. 해달은 성게를 먹고 성게는 켈프를 먹이로 삼기 때문이다. 해달의 수가 줄면 성게의 수가 엄청나게 늘어나서 켈프 숲이 무너진다.

> 성게는 켈프를 먹고 나는 성게를 먹어!

"거인이 아니라 켈프야. 다시마 종류지."
엘베르토가 겁에 질린 우리를 재미있다는 듯이 바라보았어. 우리 뒤에는 엄청나게 키가 큰 켈프들이 우거진 숲이 펼쳐져 있었지. 엘베르토는 이 거대한 켈프 숲이 이산화탄소를 흡수하고 산소를 공급하는 역할을 한다고 말해 주었어.

> 숨바꼭질하기 딱 좋아!

> 나 찾아 봐라!

> 어마어마하게 커!

해룡 →

성게 →

그때였어. 엄청나게 큰 범고래가 나타나더니 귀상어를 향해 입을 쩍 벌렸지. 격렬한 추격전과 함께 모래 먼지가 일었어. 엘베르토는 서둘러 매직 엘리베이터에 올라타며 말했어.
"자, 이제 본격적인 탐험을 시작해 볼까?"

범고래
바다의 대형 포식자로는 드물게 무리지어 사냥한다. 신체 능력과 지능이 뛰어나 영어로는 살인고래라고 불릴 정도로 무시무시한 존재다.

"범고래는 상어를 사냥하지."

"다들 괜찮아?"

"으앙, 살았어!"

"엘리베이터가 우릴 구하러 왔어!"

망설일 이유가 없었어. 우리는 무서운 포식자들을 피해 엘리베이터로 들어가 서둘러 닫힘 버튼을 눌렀지.

꾹!

"모험은 이제 시작이라고!"

바다의 깊이와 모양을 측정하는 방법

배에서 직접 추를 내려 깊이를 측정한다.

잠수정을 이용해 직접 관찰한다.

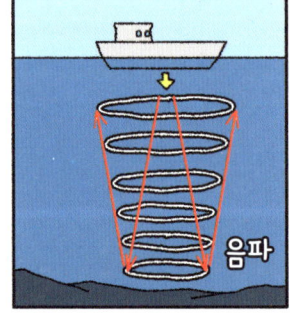

음파를 발사한 뒤 되돌아오는 시간을 재서 수심과 해저 지형을 알아낸다.

매직 엘리베이터는 대륙붕을 벗어나 길고 깊은 내리막길을 따라 내려가기 시작했어.

"이곳은 대륙사면이야. 심해로 이어지는 내리막길이지."

엘베르토가 매직 엘리베이터를 조종하며 말했어.

"수심 200미터보다 더 아래를 심해라고 불러. 사실 바다의 대부분은 심해야. 이곳은 물의 압력이 엄청 높고, 햇빛이 들지 않아."

유광층
햇빛이 들어가는 층으로, 바다 생물 대부분이 유광층에 산다.

박광층
빛이 거의 없는 어두운 층이다. 식물은 없고 동물만 산다.

무광층
암흑같이 어두운 층으로, 특이한 모습의 동물들이 살고 있다.

얼마나 깊은 거야?

상상도 안 돼!

점점 깊이 가라앉고 있군.

엘베르토의 말대로 주변은 온통 깜깜해져 있었어. 이렇게 어두운 곳에 누가 살고 있을까? 그때 엘리베이터 밖으로 하얀 가루가 떨어지기 시작했어.
"어, 바다에도 눈이 내리네?"
초코가 들뜬 목소리로 말했어. 엘베르토는 바다 위쪽에서 죽은 플랑크톤이 밑으로 가라앉는 것이라고 말해 주었어.

햇빛이 닿지 않는 깜깜한 바닷속에서는 식물이 살 수 없다. 생태계를 받치고 있는 식물이 없기 때문에 심해에선 늘 먹이가 부족하다. 이런 심해 생물의 주요 먹이는 바다 위에서 가라앉는 죽은 생물들이다. 분해되고 부서진 생물이 마치 눈이 내리는 것처럼 보인다 해서 '바다 눈'이라고 부른다. 깊은 바닷속에서는 일년 내내 바다 눈이 내린다. 커다란 고래가 죽는 경우 몇 년 동안 바다 눈이 내리기도 한다.

• 현재 친구들의 위치 •

수심 400m

수압이 너무 높아 총을 쏴도 총알이 나가지 않는다.

그때 매직 엘리베이터가 무언가에 부딪힌 듯 덜컹거렸어. 그리고 곧 유리창 너머로 커다란 눈동자가 우리를 노려보았지.
"으악!"
우리는 너무나 놀라 숨이 멎을 뻔했어. 엘베르토가 조명을 모두 켜자 어마어마하게 큰 동물들의 모습이 한눈에 펼쳐졌어.

관해파리
하나의 줄기에 여러 개의 개체가 규칙적으로 붙어 있는 모습을 하고 있다. 긴 것은 40~50미터에 달한다.

전설의 괴물 크라켄

옛날 사람들은 여러 개의 촉수로 배를 공격하는 거대한 상상 속 괴물, 크라켄을 두려워했다. 하지만 1874년 캐나다 해안에 몸길이 18미터, 몸무게 1톤이 넘는 거대 오징어가 떠내려오자, 크라켄은 실제로 존재하는 생물을 바탕으로 만들어진 것이란 사실을 알게 되었다.

"점점 어두워지는데…."

"세상에, 저 크기 좀 봐!"

향유고래
허파에 산소를 저장하는 능력이 뛰어나 수심 2200미터나 되는 심해까지 내려가기도 한다. 천적이 거의 없는 대왕오징어도 향유고래에게 잡아먹힌다.

"심해에는 우리의 상상보다 훨씬 다양한 생물들이 살고 있지. 아직 밝혀지지 않은 것들이 더 많아."

엘베르토의 말대로 심해는 우리가 생각했던 것보다 더 놀라운 곳이었어.

"저기에 초롱아귀가 있어!"

우리의 외침에 매직 엘리베이터는 빠르게 밑으로 내려가기 시작했어.

1000미터부터는 무광층이라고 불리며 빛이 전혀 들어오지 않아 완전히 깜깜하다. 거의 탐사된 바가 없어서 아직까지 알려진 정보가 많지 않다.

서서 사냥하는 갈치

갈치의 사냥 자세는 아주 독특하다. 마치 바닷속에 서 있는 것처럼 머리를 위로 곧바로 세우고 먹이가 지나가면 잡아먹는다. 갈치 종류인 산갈치도 마찬가지다.

곧게 서 있는 모습이 마치 칼처럼 보여.

대왕오징어
지구에 사는 생물들 중 가장 눈이 크다. 전 세계 바다에 널리 퍼져 있다.

산갈치

저기 초롱아귀가 있다!

가까이 가 보자!

심해에 사는 생물은 대부분 스스로 빛을 내는 생물 발광 능력을 가지고 있다. 위장을 하거나, 서로 신호를 보내거나, 포식자를 겁주거나, 또는 사냥을 하기 위해 생물 발광을 한다.

🔍 어떻게 몸에서 빛이 날까?

심해 생물은 특정 조건에서 빛을 내는 발광 물질을 가지고 있다. 또 몸속에 사는 세균이 빛을 만들기도 한다.

"여긴 꼭 우주 같아."
초코가 밖을 내다보며 말했어.
까만 바닷물 속이 반짝이고 있었지. 마치 밤하늘에 빛나는 별들 같았어.
하지만 곧 그것이 별이 아니라 물고기라는 사실을 알게 되었어.

• 현재 친구들의 위치 •

수심 1000m

물의 압력이 높아서 야구 방망이가 찌그러진다.

- 딸기오징어
- 오이빗해파리
- 감투빗해파리
- 신호등긴턱고기
- 발광눈금돔

"초롱아귀처럼 빛나는 바다 생물이 많아. 정말 아름다워."

"초롱아귀는 자기가 살던 곳으로 돌아온 거구나."

우리는 조심조심 밖으로 나왔어. 신기하게 생긴 생물들이 가득했지.
"상상 속에 나오는 동물들 같아!"
"정말 이상하게 생겼네."
우리는 언제 그랬냐는 듯 적극적으로 심해 생물들을 관찰하기 시작했어. 엘베르토는 보여 줄 것이 있다며 우리를 더 깊은 곳으로 이끌었지.

심해는 캄캄할 뿐 아니라 물의 온도가 매우 낮고 압력은 엄청나게 높다. 사람들은 오랫동안 심해에는 생물이 살 수 없을 거라고 생각했다. 하지만 이런 환경에서도 다양한 모습의 물고기와 오징어 등이 살고 있다.

흡혈오징어
위험을 느끼면 마치 망토를 쓰듯이 몸 전체를 뒤집어서 다리 안쪽의 가시로 스스로를 보호한다.

자, 이쪽으로 오라고.

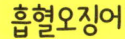
심해해삼

블로브피쉬는 우스꽝스러운 생김새 때문에 유명해졌다. 물컹물컹 젤리 같은 몸이 물 밖으로 나오면 우스꽝스러운 모습으로 변해 버리기 때문이다. 원래는 보통의 물고기처럼 생겼지만 아직까지 살아 있는 모습이 제대로 관찰된 적은 없다.

심해의 수압을 견디기 위해 내 살이 물렁물렁한 거야.

큰입멍게
어릴 땐 뇌가 있지만 크면서 스스로 뇌를 먹어치운다.

우리가 도착한 곳에는 굴뚝처럼 높은 기둥이 솟아 있고, 검은 연기가 뿜어져 나오고 있었어.
"저건 열수구야. 지구의 안쪽 열로 데워진 바닷물이 뿜어져 나오는 거지. 주로 화산이 일어나는 지역에 있어."
특수 잠수복을 입고 있었지만 뜨거운 열기가 전해졌지. 엘베르토는 너무 가까이 가지 말라고 경고했어.

열수구에서는 마그마의 가스가 뿜어져 나온다. 긴 굴뚝은 뜨거운 물에 녹아 있는 여러 금속 성분이 가라앉아 만들어진다. 열수구의 크기는 크게 지름 1미터, 높이는 30미터에 이른다.

최초의 열수구는 1977년 미국의 잠수정이 발견했다. 현재 전 세계에는 500개 이상의 열수구가 있으며, 우리나라 연구자들은 2018년 첫 열수구를 발견했고, 2021년 2개의 열수구를 추가로 발견했다.

"열수구에 온누리, 온바다, 온나래 라는 이름도 붙여졌지!"

"위, 위험한 곳이잖아!"

"매연을 뿜어 내는 굴뚝같아."

등가시치

설인게

홍합

바다에서 가장 깊은 곳은 해구라고 불리는 바닷속 골짜기다. 해구는 대부분 태평양에 있다. 그중 가장 깊은 곳은 마리아나 해구로, 최고 수심이 11034미터나 된다. 육지에서 가장 높은 에베레스트산을 거꾸로 세운 것보다도 깊다. 이곳에서 수영을 한다는 것은 1800마리의 코끼리를 짊어지고 균형을 잡는 것과 같다.

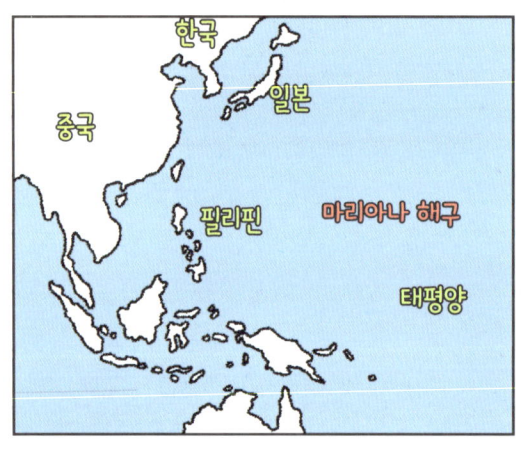

현재 친구들의 위치
수심 6000m

"이것 봐! 내 카메라야!"
코니가 크게 외쳤어. 정말로 코니 손에는 잃어버린 카메라가 들려 있었지.
"우와, 카메라가 이렇게 깊은 곳까지 떨어진 거야?"
우리는 놀랍고 기쁜 마음에 폴짝폴짝 뛰었어. 하지만 기쁨도 잠시, 주변은 왠지 으스스한 기운이 감돌았어. 그제서야 우리는 깊고 좁게 파인 거대한 골짜기를 발견할 수 있었어.

"카메라를 다시 찾게 되다니!"

"이렇게 깊은 곳까지 어떻게 떨어진 거지?"

"고장이 나진 않았을까?"

"여기 봐. 엄청나게 깊은 골짜기가 있어."

문 해설사는 엘리베이터로 우리를 안내했어. 우리가 모험을 시작했던 바로 그 엘리베이터 말이야. 우리는 망설이며 올라탔어.

1층에서 문이 열리자 다행히 수족관 밖이었어. 날씨는 거짓말처럼 맑아졌고 벌써 해는 늬엿늬엿 지고 있었지.

코니 손에는 카메라가 들려 있었어. 바닷속을 굴러다니느라 찌그러지고 금이 가 있었지만 말이야.

아지트로 돌아온 우리들은 깜짝 놀랐어. 분명 고장이 났을 거라 생각한 카메라가 멀쩡하게 켜지고 생각지도 못했던 사진이 가득 찍혀 있었던 거야.

★ 감수자의 글 ★

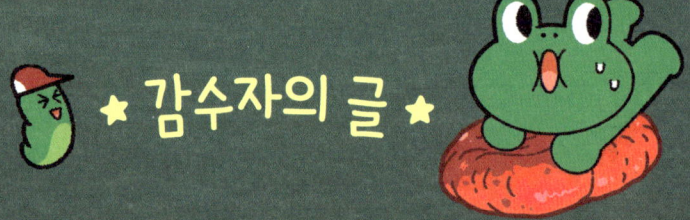

우리가 살고 있는 세상에는 궁금한 것도 많고 알고 싶은 것도 많습니다.
이러한 궁금증은 바로 과학을 통해 해결할 수 있지요. 과학은 어떤 사건이나 현상을 이해할 수 있는
기본 원리가 담긴 학문입니다. 저학년 어린이들은 과학에 대한 흥미가 높습니다.
현미경, 시험관, 비커 등의 실험 기구를 가지고 탐구하며 신나게 궁금한 점을 해결합니다.
그런 과정을 통해 과학이 우리의 생활과 뗄 수 없는 것임을 알기도 합니다.
하지만 고학년으로 갈수록 과학을 점점 어렵게 생각하고 포기하는 학생들이 늘어납니다. 왜 그럴까요?
과학의 개념들을 충분한 이해 없이 그저 외우려고만 하기 때문입니다.
학년이 올라갈수록 배워야 하는 과학의 양은 늘어나니 외워야 할 것이 많아지고,
개념이 복잡해지기 때문에 과학이 어렵다고 느끼는 것이지요. 따라서 어렸을 때 과학을 외워야 하는
따분한 과목이 아닌 재미있는 과목으로 느낄 수 있도록 해야 합니다.

매직 엘리베이터를 타고 과학 모험을 떠나 보세요. 평소 궁금했던
여러 가지 현상들의 과학 원리에 대해 알 수 있답니다. 브라운앤프렌즈 캐릭터들과 함께
사람의 몸속, 공룡 시대, 곤충의 세계, 별과 우주, 심해 등 다양한 곳을 탐험하면서 자연스럽게
과학에 대한 흥미와 호기심, 지식을 쌓을 수 있습니다.

매직 엘리클럽에 가입하고 신나는 모험의 세계로 떠나 볼까요?

- 황신영 -

글 송지혜 그림 도니패밀리 감수 황신영
초판 1쇄 인쇄 2022년 10월 5일
초판 1쇄 발행 2022년 10월 20일

펴낸이 김영곤
키즈사업본부장 김수경 **에듀1팀** 김지혜 김현정 김지수 **디자인** 박지영
아동영업마케팅본부장 변유경 **아동영업1팀** 이도경 오다은 김소연 **아동영업2팀** 한충희 오은희 강경남
아동마케팅1팀 김영남 황혜선 이규림 황성진 **아동마케팅2팀** 임동렬 이해림 안정현
라인프렌즈 강병목 김은솔 김태희

펴낸곳 ㈜북이십일 아울북 **출판등록** 2000년 5월 6일 제406-2003-061호
주소 (우 10881) 경기도 파주시 문발동 회동길 201
연락처 031-955-2100(대표) 031-955-2414(내용문의) 031-955-2177(팩스) **홈페이지** www.book21.com
ISBN 978-89-509-4238-0 (74400)

Licensed by IPX CORPORATION

본 제품은 아이피엑스 주식회사와의 정식 라이선스 계약에 의해 ㈜북이십일에서 제작, 판매하는 것으로
아이피엑스 주식회사의 명시적 허락 없이는 어떠한 경우에도 무단 복제 및 판매를 금합니다.

＊책값은 뒤표지에 있습니다. ＊잘못 만들어진 책은 구입하신 서점에서 교환해 드립니다.

- 제조자명 : ㈜북이십일
- 주소 및 전화번호 : 경기도 파주시 회동길 201(문발동) 031-955-2100
- 제조연월 : 2022년 10월 20일
- 제조국명 : 대한민국
- 사용연령 : 3세 이상 어린이 제품

오래된 물건들은 신비한 힘을 품고 있어.
매일같이 보던 물건이 유난히 다르게 보일 때가 있지.
그때가 바로 신비한 힘이 발휘되는 순간이야.
마치 마법처럼 말이야.